LIBRO DE RECETAS DE BBQ COOK OUTS

50 RECETAS SMOKY & TENDER

ALBERTO ZAPATA

Reservados todos los derechos.

Descargo de responsabilidad

TABLE OF CONTENTS

INTRODUCCIÓN

¡Bienvenido al libro de cocina BBQ!

Estás a punto de embarcarte en una aventura que no solo es divertida, sino que quizás incluso un poco adictiva. Sin embargo, una cosa es segura: ¡es delicioso!

¿Eres nuevo en la parrilla? ¿Tienes miedo de encender una barbacoa? Bueno, no tengas miedo. No es tan complicado como parece. ¡Este libro tiene algunas recetas listas para usar y algunas incluso piden que se cocine a la parrilla en el interior!

¿Qué es la barbacoa?

Barbecue se originó a partir de la palabra caribeña 'barbacoa', que es una estructura indígena nativa utilizada para ahumar carnes.

Es importante tener en cuenta que asar a la parrilla y asar a la parrilla son dos conceptos diferentes. Mientras que la parrilla usa calor alto y directo para cocciones rápidas (piense en hamburguesas, hot dogs y bistec), asar a la parrilla, por otro lado, requiere fuego indirecto, constante, bajo y tiempos de cocción más largos. Las barbacoas también utilizan diferentes tipos de madera ahumada para una capa adicional de sabor sobre el humo del carbón. La carne utilizada para la barbacoa también tiende a tener un mayor contenido de grasa, lo que proporciona ablandamiento y sabor durante un largo tiempo de cocción.

Consejos para empezar:

- Para evitar perder jugos durante el volteo, siempre voltee la carne o las verduras con unas pinzas o una espátula.

- ¡No presione nada con una espátula mientras estén asando! Esto exprime los jugos.

- Para un gran sabor ahumado, remoje algunas astillas de madera en agua.

- Para infundir esencia de hierbas en los alimentos asados a la parrilla, arroje las hierbas directamente sobre el carbón mientras asas a la parrilla.

AVES DE CORRAL

1. Pollo Cajun Patch Cock

Ingredientes:

- 4-5 libras de pollo congelado fresco o descongelado
- 4-6 vasos de aceite de oliva virgen extra
- Cajun Spice Lab 4 cucharadas o Lucile Bloody Mary Mix Cajun Hot Dry Herb Mix Seasoning

Direcciones:

Frote el aceite de oliva libremente debajo y sobre la piel. Sazone el pollo en todas las direcciones: y aplíquelo directamente sobre la carne debajo de la piel.

Envuelva el pollo en una envoltura de plástico y colóquelo en el refrigerador durante 3 horas para que absorba el sabor.

Prepara el pollo durante 1,5 horas.

Coloque el pollo debajo de una carpa de papel de aluminio suelto durante 15 minutos antes de cortarlo.

2. Cuartos a la parrilla de Yan

Ingredientes:

- 4 cuartos de pollo congelados frescos o descongelados
- 4-6 vasos de aceite de oliva virgen extra
- 4 cucharadas de laboratorio seco original de Yang

Direcciones:

Corta el exceso de piel y grasa de pollo. Pele con cuidado la piel del pollo y frote aceite de oliva por encima y por debajo de cada piel de pollo.

En el laboratorio seco original de Jean, aplique condimentos en la parte superior e inferior de la piel y en la parte posterior del gallinero.

Envuelva el pollo sazonado en una envoltura de plástico y guárdelo refrigerado durante 2-4 horas para absorber el sabor.

Coloque el pollo en la parrilla y cocine a 325 ° F durante 1 hora.

3. Muslos toscanos asados

Ingredientes:

- 8 muslos de pollo, con hueso, con piel
- 3 aceites de oliva virgen extra con sabor a ajo tostado
- 3 tazas de condimento toscano o toscano por muslo

Direcciones:

Frote ligeramente el aceite de oliva detrás y debajo de la piel y los muslos. Un condimento de la Toscana, condimentado sobre la piel del muslo y la parte superior e inferior de la espalda.

Envuelva los muslos de pollo en una envoltura de plástico, refrigere de 1 a 2 horas y deje que se absorba el sabor antes de asarlos.

Dependiendo de la parrilla del ahumador, ase durante 40-60 minutos hasta que la temperatura interna de ahumado de la parte gruesa del muslo de pollo alcance los 180 ° F. Coloque los muslos toscanos asados debajo de una carpa de aluminio suelta durante 15 minutos antes de servir.

4. Baqueta Ahumada Teriyaki

Ingredientes:

- 3 tazas de adobo teriyaki y salsa para cocinar como el gourmet original de Yoshida
- Condimento para aves de corral 3 cucharaditas
- 1 cucharadita de ajo en polvo
- 10 muslos de pollo

Direcciones:

En un tazón mediano, mezcle la marinada y la salsa para cocinar con el condimento para pollo y el ajo en polvo.

Coloque la baqueta en una cacerola para marinar o en una bolsa de plástico sellable de 1 galón y vierta la mezcla de la marinada en la baqueta. Refrigere toda la noche.

Coloque la piel sobre la baqueta y, mientras la parrilla se precalienta, cuelgue la baqueta en una pata de ave y una rejilla para escurrir la bandeja de cocción en la encimera. Si no tiene una pata de ave y una rejilla para plumas, puede secar la baqueta golpeándola con una toalla de papel.

Después de 1 hora, eleve la temperatura de ahumado del agujero a 350 ° F y cocine la baqueta durante otros 30-45 minutos hasta que la parte más gruesa de la barra alcance una temperatura de ahumado interna de 180 ° F.

5. Pechuga de pavo con hueso ahumado

Ingredientes:

- 1 (8-10 libras) de pechuga de pavo deshuesada
- 6 cucharadas de aceite de oliva virgen extra
- 5 condimentos secos originales de laboratorio o para aves de corral Yang

Direcciones:

Frote o sazone con cuidado debajo de la cavidad torácica, debajo de la piel y sobre la piel.

Coloque la pechuga de pavo en una rejilla en V para un manejo seguro o colóquela directamente sobre una parrilla con la pechuga hacia arriba.

Deje las pechugas de pavo en la encimera de la cocina a temperatura ambiente de humo y precaliente la parrilla ahumadora.

Ahuma la pechuga de pavo deshuesada directamente en una parrilla en V o parrilla a 225 ° F durante 2 horas.

Después de 2 horas de humo de nogal, suba la temperatura de ahumado del hueso a 325 ° F. Ase hasta que la parte más gruesa de la pechuga de pavo alcance una temperatura interna de ahumado de 170 ° F y el jugo esté claro.

Coloque la pechuga de pavo ahumado de nogal bajo una carpa de papel de aluminio suelto durante 20 minutos, luego raspe el grano.

6. Pato Entero Ahumado

Ingredientes:

- 5 libras de pato entero (sin exceso de grasa)
- 1 cebolla pequeña (en cuartos)
- 1 manzana (en cuña)
- 1 naranja (en cuartos)
- 1 cucharada de perejil picado fresco
- 1 cucharada de salvia recién picada
- $\frac{1}{2}$ cucharadita de cebolla en polvo
- 2 cucharaditas de pimentón ahumado
- 1 cucharadita de condimento italiano seco
- 1 cucharada de condimento griego seco

- 1 cucharadita de pimienta o al gusto
- 1 cucharadita de sal marina o al gusto

Direcciones:

Para frotar, combine la cebolla en polvo, la pimienta, la sal, el condimento italiano, el condimento griego y el pimentón en un tazón.

Inserte la naranja, la cebolla y la manzana en la cavidad del pato. Rellena el pato con perejil recién picado y salvia.

Sazone generosamente todos los lados del pato con la mezcla para untar.

Coloque el pato en la rejilla de la parrilla.

Ase durante 2 a 21/2 horas, o hasta que la piel del pato esté marrón y la temperatura interna de humo del muslo alcance los 160 ° F.

7. Tiras de pollo

Ingredientes:

- 6 tiras de pollo
- ¼ de cucharadita de ajo granulado (no ajo en polvo)
- ¼ de cucharadita de pimienta
- 1 cucharadita de pimentón
- ½ cucharadita de sal kosher
- 1 cucharada de aceite de oliva
- 1 cucharada de jugo de limón
- 1 cucharadita de condimento italiano
- 1 cucharada de perejil picado

Direcciones:

En un tazón grande, combine el ajo, la pimienta, la sal, el limón, el condimento italiano y el pimentón. Agregue los filetes de pollo y revuelva para combinar. Cubra el tazón y refrigere por 1 hora.

Retire las tiras de pollo de la marinada y déjelas reposar durante 1 hora, hasta que las tiras estén a temperatura ambiente. Seque con toallas de papel

Coloque los filetes de pollo en la parrilla y cocine a la parrilla durante 8 minutos, 4 minutos por lado.

8. Pavo de accion de gracias

Ingredientes:

- 2 tazas de mantequilla (ablandada)
- 1 cucharada de pimienta negra molida
- 2 cucharaditas de sal kosher
- 2 cucharadas de romero recién picado
- 2 cucharadas de perejil recién picado
- 2 cucharadas de salvia recién picada
- 2 cucharaditas de tomillo seco
- 6 dientes de ajo (picados)
- 1 (18 libras) de pavo

Direcciones:

En un tazón, combine la mantequilla, la salvia, el romero, 1 cucharadita de pimienta negra, 1 cucharadita de sal, tomillo, perejil y ajo.

Use sus dedos para aflojar la piel del pavo.

Frote generosamente la mezcla de mantequilla debajo de la piel del pavo y también por todo el pavo. 4. Sazone el pavo generosamente con la mezcla de hierbas. 5. Precaliente la parrilla a 300 ° F con la tapa cerrada durante 15 minutos.

Coloque el pavo en la parrilla y ase durante aproximadamente 4 horas, o hasta que la temperatura de humo del muslo de pavo alcance los 160 ° F.

Saca el pavo de la parrilla y déjalo reposar unos minutos.

Cortar en tamaños y servir.

9. Pavo ahumado Spatchcock

Ingredientes:

- 1 (18 libras) de pavo
- 2 cucharadas de perejil fresco finamente picado
- 1 cucharada de romero fresco finamente picado
- 2 cucharadas de tomillo fresco finamente picado
- $\frac{1}{2}$ taza de mantequilla derretida
- 1 cucharadita de ajo en polvo
- 1 cucharadita de cebolla en polvo
- 1 cucharadita de pimienta negra molida

- 2 cucharaditas de sal o al gusto
- 2 cucharadas de cebolletas finamente picadas

Direcciones:

En un tazón, combine el perejil, el romero, las cebolletas, el tomillo, la mantequilla, la pimienta, la sal, el ajo y la cebolla en polvo.

Frote la mezcla de mantequilla por todos los lados del pavo.

Precaliente su parrilla a ALTO (450 ° F) con la tapa cerrada durante 15 minutos.

Coloque el pavo directamente sobre la parrilla y cocine por 30 minutos. Reduzca el pellet de madera preferido a 300 ° F y cocine por 4 horas adicionales.

Saca el pavo de la parrilla y déjalo reposar unos minutos.

Cortar en tamaños y servir.

10. Pierna de pollo ahumado en cuartos

Ingredientes:

- 8 cuartos de pierna de pollo
- 2 cucharadas de aceite de oliva
- 1 cucharadita de sal o al gusto
- ½ cucharadita de chile en polvo
- ½ cucharadita de pimentón
- ½ cucharadita de tomillo molido
- 1 cucharadita de romero seco
- ½ cucharadita de pimienta de cayena
- 1 cucharadita de ajo en polvo
- 1 cucharadita de cebolla en polvo

Direcciones:

Para hacer una mezcla, combine la cayena, el romero, el ajo, la cebolla en polvo, el chile, el pimentón, la sal y el tomillo.

Rocíe aceite sobre los cuartos de pierna de pollo y sazone los cuartos generosamente con la mezcla para untar.

Coloca el pollo en la parrilla. Fuma durante 1 hora, volteando a la mitad.

Cocine por 1 hora más.

Retire el pollo de la parrilla y déjelo reposar durante unos 15 minutos.

Servir y disfrutar.

11. Pollo Ahumado Al Limón Y Ajo

Ingredientes:

- Pollo entero (3 libras, 1,4 kg)
- La salmuera
- Sal - ½ taza
- Azúcar morena - 1 taza
- Agua - 3 ½ litros

La frotada

- Ajo picado - ¼ de taza
- Ajo en polvo - 2 cucharadas
- Jugo de limón - 3 cucharadas
- Pimentón - 2 ½ cucharadas

- Chile en polvo - 2 cucharadas
- Tomillo - ¾ cucharada
- Cayena - 2 cucharadas
- Sal - 1 cucharada
- Pimienta negra - 2 cucharadas

El relleno

- Cebolla picada - 1 taza
- Ajo - 5 dientes
- Tomillo - 5 ramitas

Direcciones:

Coloque el pollo en salmuera durante la noche.

Combine los ingredientes para frotar y frote el pollo con la mezcla de especias y luego llene la cavidad con cebolla picada, ajo y tomillo.

Ahuma el pollo durante aproximadamente 3 horas.

12. Pavo marrón ahumado con miel dulce

Ingredientes:

- Pavo entero (6 libras, 2,7 kg)
- Sal - 5 cucharadas
- Azúcar morena - 5 cucharadas
- Tomillo - 1 cucharada
- Romero picado - 1 cucharada
- Salvia - 1 cucharada
- Pimienta negra - 2 ½ cucharaditas
- Ajo en polvo - 2 cucharaditas
- Miel cruda - 1 taza
- Azúcar morena - 3 cucharadas
- Vinagre de sidra de manzana - 2 cucharadas

- Mostaza - ¾ cucharada
- Sal - 1 cucharadita
- Pimienta - 2 cucharaditas

Direcciones:

Combine los ingredientes para frotar y frote el pavo con la mezcla de especias y luego déjelo reposar durante unos minutos.

Ahuma el pavo durante aproximadamente 4 horas.

Coloque rápidamente el azúcar morena, el vinagre de sidra de manzana, la mostaza, la sal y la pimienta en un tazón y luego vierta miel cruda sobre la mezcla. Revuelva hasta que esté combinado.

Rocíe el pavo ahumado con la mezcla de miel y luego devuélvalo al ahumador.

13. Ajo Pollo Ahumado Picante

Ingredientes:

- Pollo entero (3 libras, 1,4 kg)
- Sal - 1 cucharadita
- Pimentón - 1 cucharadita
- Ajo en polvo - 1 ½ cucharaditas
- Pimienta negra - 1 ½ cucharaditas
- Hojuelas de chile rojo - 2 cucharaditas
- Pimienta de Cayena - ½ cucharadita
- Tomillo - ¾ cucharadita
- Orégano - ½ cucharadita
- Azúcar morena - 3 cucharadas

Direcciones:

Frote el pollo con sal, pimentón, ajo en polvo, pimienta negra, hojuelas de chile rojo, pimienta de cayena, tomillo, orégano y azúcar morena.

Envuelva el pollo sazonado con film transparente y déjelo reposar durante aproximadamente una hora. Conservar en la nevera para mantenerlo fresco.

Ahuma el pollo durante aproximadamente 3 horas.

Corta el pollo ahumado en trozos y sírvelo.

14. Pollo Desmenuzado Ahumado Caliente

Ingredientes:

- Pechuga de pollo deshuesada (3 libras, 1,4 kg)
- Pimentón - 3 cucharadas
- Chile en polvo - 3 cucharadas
- Tomillo - 1 ½ cucharadas
- Ajo en polvo - 1 ½ cucharadas
- Cebolla en polvo - 1 ½ cucharadas
- Cayena - 3 cucharadas
- Sal - 1 ½ cucharada
- Pimienta negra - 1 ½ cucharada

- Miel - ½ taza
- Jarabe de arce - ¼ de taza
- Azúcar morena - 2 cucharadas

Direcciones:

Combine los ingredientes para frotar y frote con la mezcla de especias. Déjalo reposar unos minutos.

Ahuma el pollo durante una hora y luego transfiérelo a una sartén de aluminio desechable.

Combine rápidamente la miel con el jarabe de arce y luego revuelva hasta que se incorpore.

Rocíe la mitad de la mezcla de miel sobre la pechuga de pollo y luego espolvoree azúcar morena encima.

Coloque la sartén de aluminio desechable con el pollo adentro en el ahumador Pellet y luego ahúme durante aproximadamente 2 horas.

15. Pechuga De Pollo Ahumada Blanca

Ingredientes:

- Pechuga de pollo deshuesada (4.5 lbs., 2 kg.)
- Aceite vegetal - 3 cucharadas
- Caldo de pollo - $\frac{1}{4}$ de taza
- Salsa Worcestershire - 2 cucharadas
- Sal - $\frac{3}{4}$ cucharada
- Ajo en polvo - 1 $\frac{1}{2}$ cucharaditas
- Cebolla en polvo - 1 $\frac{1}{2}$ cucharaditas
- Hoja de laurel - $\frac{3}{4}$ cucharadita
- Tomillo - $\frac{3}{4}$ cucharadita
- Salvia - $\frac{3}{4}$ cucharadita

- Pimienta negra - $\frac{3}{4}$ cucharadita
- Sal - 2 cucharadas
- Ajo picado - 3 cucharadas
- Jengibre picado - 1 cucharada
- Jugo de limón - 3 cucharadas

Direcciones:

Vierta el aceite vegetal y el caldo de pollo en un tazón y luego sazone con salsa Worcestershire, sal, ajo en polvo, cebolla en polvo, laurel, tomillo, salvia y pimienta negra. Revuelva el líquido hasta que se incorpore.

Llene un inyector con la mezcla líquida y luego inyecte la pechuga de pollo en varios lugares.

Después de eso, combine los ingredientes del frote y frote la pechuga de pollo con la mezcla de especias y luego déjela reposar durante una hora.

Ahuma el pollo durante 2 horas.

16. Pollo a la barbacoa

Ingredientes:

- 8 pechugas de pollo
- Dos t. sal
- Dos c. salsa barbacoa, dividida
- Dos t. polvo de ajo
- Dos t. pimienta

Direcciones:

Agregue pellets de pellets de madera preferidos a su ahumador y siga el procedimiento de inicio de su cocina. Precaliente su ahumador, con la tapa cerrada, hasta que llegue a 250.

Frote el pollo con las especias y colóquelo en una fuente para asar. Cubre el pollo antes de colocarlo en la parrilla. Déjelos fumar durante unas dos horas. Debe llegar a 165. Durante los últimos 15 minutos, rociar con c. de salsa barbacoa.

Sirve con el resto de la salsa.

17. Pavo entero

Ingredientes:

- Dos t. tomillo
- Dos t. sabio
- ½ taza jugo de manzana
- Una barra de mantequilla derretida
- ¼ c. Condimento para aves
- Pavo de 10-12 libras

Direcciones:

Agregue pellets de pellets de madera preferidos a su ahumador y siga el procedimiento de inicio de su cocina. Precaliente su ahumador, con la tapa cerrada, hasta que llegue a 250.

Frote el pavo con aceite y condimentos. Ponga un poco debajo de la piel y en el interior.

Mezcle el tomillo, la salvia, el jugo y la mantequilla.

Coloque el pavo en una fuente para asar, póngalo en la parrilla, tápelo y cocine 5-6 horas. Rocíelo cada hora con la mezcla de jugo. Debe llegar a 165. Déjelo reposar durante 15-20 minutos antes de cortarlo.

18. Pechugas De Pollo A La Barbacoa

Ingredientes:

- Dos salsas T. Worcestershire
- ½ taza salsa barbacoa picante
- Uno c. Salsa de barbacoa
- Dos dientes de ajo picados
- ¼ c. aceite de oliva
- 4 pechugas de pollo

Direcciones:

Pon las pechugas de pollo en un recipiente hondo.

En otro tazón, ponga la salsa Worcestershire, las salsas para barbacoa, el ajo y el aceite de oliva. Revuelva bien para combinar.

Use la mitad para marinar el pollo y reserve el resto para rociar.

Agregue pellets de pellets de madera preferidos a su ahumador y siga el procedimiento de inicio de su cocina. Precalienta tu ahumador, con la tapa cerrada, hasta que llegue a 350.

Saca las pechugas de pollo de la salsa. En la parrilla, colóquelos antes de ahumarlos durante aproximadamente 20 minutos.

Aproximadamente diez minutos antes de que el pollo esté terminado, rocíe con la salsa barbacoa reservada.

19. Pollo con cilantro y lima

Ingredientes:

- Pimienta
- Sal
- 4 dientes de ajo picados
- ½ taza jugo de lima
- Uno c. cariño
- Dos cucharadas de aceite de oliva
- ½ taza cilantro picado
- 4 pechugas de pollo

Direcciones:

Coloque las pechugas de pollo en una bolsa grande con cierre de cremallera.

En otro tazón, ponga la pimienta, la sal, el aceite de oliva, el ajo, la miel, el jugo de limón y el cilantro. Revuelva bien para combinar.

Use la mitad como adobo y reserve el resto para más tarde.

Coloque en el refrigerador durante cuatro a cinco horas.

Retire las pechugas de pollo de la bolsa. Use toallas de papel para secarlos. Déjelos humear en la parrilla durante unos quince minutos.

Aproximadamente cinco minutos antes de que el pollo esté terminado, rocíe con la marinada reservada.

20. Pollo con miel de limón

Ingredientes:

- Pimienta
- Sal
- Romero picado
- Un diente de ajo machacado
- Una t. De miel
- Jugo de un limón
- ½ taza caldo de pollo
- 3 cucharadas de mantequilla
- 4 pechugas de pollo

Direcciones:

Coloque una sartén en la estufa y derrita la mantequilla. Coloque las pechugas de pollo en mantequilla caliente y dore por cada lado hasta que se forme un color agradable.

Sacar de la sartén y dejar reposar diez minutos.

En un tazón pequeño, ponga la pimienta, la sal, el romero, el ajo, la miel, el jugo de limón y el caldo. Revuelva bien para combinar.

Frote cada pechuga con la mezcla de miel y limón.

Coloque las pechugas de pollo en la parrilla precalentada y cocine a la parrilla durante 20 minutos.

21. Pollo al café con hierbas

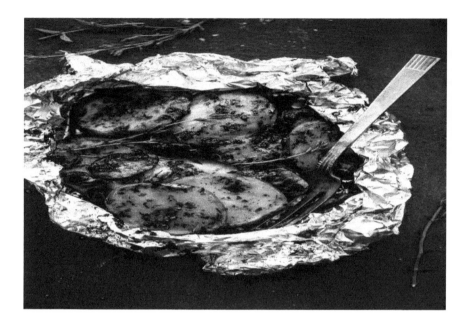

Ingredientes:

- Sal
- ¾ c. café fuerte
- Una t. semillas de cilantro
- 4 rodajas de limon
- Una t. granos de pimienta
- Una t. semillas de mostaza
- ½ taza caldo de pollo
- ¼ c. azúcar moreno oscuro, envasado
- Dos cucharadas de mantequilla derretida
- 4 mitades de pechuga de pollo

Direcciones:

Frote la mantequilla sobre el pollo y unte la sal.

En un recipiente enorme, mezcle los ingredientes restantes. Cubre el pollo con adobo.

Coloque en el refrigerador durante dos horas.

Agregue pellets de pellets de madera preferidos a su ahumador y siga el procedimiento de inicio de su cocina. Precalienta tu ahumador, con la tapa cerrada, hasta que llegue a 350.

Ahumar el pollo durante diez minutos. No es necesario voltear. Atender.

22. Muslos de pollo con pimiento rojo

Ingredientes:

- Una cucharada de ajo en polvo
- Una t. polvo de curry
- Una t. Hojuelas de pimienta roja
- Una t. pimienta negra
- Dos cucharadas de aceite de oliva
- ½ taza caldo de pollo
- Una t. orégano
- Una t. pimenton
- Dos libras de muslos de pollo

Direcciones:

Coloque los muslos de pollo en un plato grande y plano en una sola capa.

En un bol, ponga el aceite de oliva, el ajo en polvo, el curry, el orégano, la pimienta, el pimentón, el pimiento rojo en hojuelas y el caldo. Revuelva bien para combinar.

La mezcla debe verterse encima del pollo.

Deje marinar el pollo durante cuatro horas.

Agregue pellets de pellets de madera preferidos a su ahumador y siga el procedimiento de inicio de su cocina. Precalienta tu ahumador, con la tapa cerrada, hasta que llegue a 450.

Los muslos de pollo deben sacarse de la bolsa. Use toallas de papel para secarlos. Colóquelos en la parrilla precalentada con la piel hacia abajo y ahumar durante diez minutos. Revuelva y cocine por diez minutos adicionales.

PESCADOS Y MARISCOS

23. Salmón ahumado confitado con salsa de naranja y jengibre

Ingredientes:

- Filete de salmón (4 lbs., 1.8 kg.)

El adobo

- Azúcar morena - ¼ de taza
- Sal - ½ cucharadita

La frotada

- Ajo picado - 2 cucharadas
- Jengibre fresco rallado - 1 cucharadita

- Cáscara de naranja rallada - ½ cucharadita
- Pimienta de Cayena - ½ cucharadita

El glaseado

- Vino tinto - 2 cucharadas
- Ron oscuro - 2 cucharadas
- Azúcar morena - 1 ½ tazas
- Miel - 1 taza

Direcciones:

Mezclar sal con azúcar morena y luego aplicar sobre el filete de salmón.

Frote el filete de salmón con la mezcla de especias y déjelo a un lado.

Coloca el salmón sazonado en el ahumador Pellet y ahúmalo durante 2 horas.

Mezcle el vino tinto con ron oscuro, azúcar morena y miel, luego revuelva hasta que se disuelva. Hilvanar.

24. Vientre de atún ahumado con lima jugosa

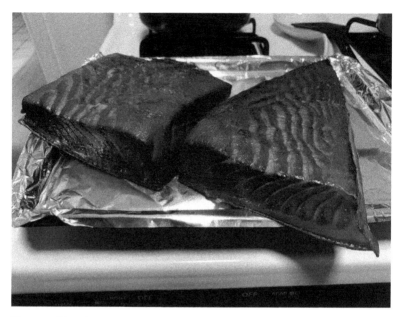

Ingredientes:

- Ventresca de atún (3 libras, 1,4 kg)
- El adobo
- Limas frescas - 2
- Azúcar blanca - 2 cucharadas
- Azúcar morena - 3 cucharadas
- Pimienta - ½ cucharadita
- Salsa de soja - 1 cucharada
- Salsa Sriracha - 2 cucharadas

Direcciones:

Marinar la ventresca de atún con el jugo durante 10 minutos.

Mientras tanto, combine el azúcar blanco con el azúcar morena, la pimienta, la salsa de soja y la salsa Sriracha y luego mezcle bien.

Lave y enjuague la ventresca de atún y luego séquela.

Espere hasta que el ahumador de pellets alcance la temperatura de ahumado deseada y luego coloque la ventresca de atún sazonada en él.

Ahumar la ventresca de atún durante 2 horas o hasta que se desmenuce y una vez cocida retirarla del Ahumador.

25. Caballa ahumada con mantequilla de limón y salmuera de bayas de enebro

Ingredientes:

- Filete de caballa (4 lbs., 1.8 kg.)

La salmuera

- Agua fría - 4 tazas
- Semillas de mostaza - 1 cucharada
- Bayas de enebro secas - 1 cucharada
- Hojas de laurel - 3
- Sal - 1 cucharada

El glaseado

- Mantequilla - 2 cucharadas

- Jugo de limón - 2 cucharadas

Direcciones:

Vierta agua fría en un recipiente y luego sazone con sal, hojas de laurel, bayas de enebro secas y semillas de mostaza y luego revuelva bien.

Agregue el filete de caballa a la mezcla de salmuera y luego remójelo. Coloque la caballa salada en una hoja de papel de aluminio y luego rocíe mantequilla sobre ella.

Rocíe jugo de limón y luego envuelva el filete de caballa con papel de aluminio.

Ahumar la caballa envuelta durante 2 horas o hasta que se desmenuce y una vez cocida, retirar del Ahumador.

26. Cangrejo ahumado

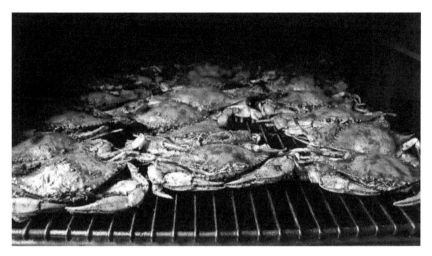

Ingredientes:

- Cangrejos frescos (7 libras, 3,2 kg)

La salsa

- Sal - 1 cucharada
- Pimienta de Cayena - 1 $\frac{1}{2}$ cucharaditas
- Mantequilla salada - 2 tazas
- Jugo de limón - $\frac{1}{2}$ taza
- Salsa Worcestershire - 1 cucharada
- Ajo en polvo - 2 cucharaditas
- Pimentón ahumado - 2 cucharaditas

Direcciones:

Precaliente una cacerola a fuego lento y luego derrita la mantequilla. Deja enfriar.

Sazone la mantequilla derretida con sal, pimienta de cayena, salsa Worcestershire, ajo en polvo y pimentón ahumado y luego vierta jugo de limón en la mantequilla derretida. Revuelva hasta que se incorpore y reserve.

Coloque los cangrejos en una sartén de aluminio desechable y luego rocíe la salsa sobre los cangrejos.

Ahumar los cangrejos durante 30 minutos y luego retirarlos del ahumador.

27. Camarones Ahumados Con Ajo Cayena

Ingredientes:

- Camarones frescos (3 lb, 1.4 kg)

Las especias

- Aceite de oliva - 2 cucharadas
- Jugo de limón - 2 cucharadas
- Sal - ¾ cucharadita
- Pimentón ahumado - 2 cucharaditas
- Pimienta - ½ cucharadita
- Ajo en polvo - 2 cucharadas
- Cebolla en polvo - 2 cucharadas
- Tomillo seco - 1 cucharadita
- Pimienta de Cayena - 2 cucharaditas

Direcciones:

Combine sal, pimentón ahumado, pimienta, ajo en polvo, cebolla en polvo, tomillo seco y pimienta de cayena y luego mezcle bien. Dejar de lado.

Rocíe los camarones con aceite de oliva y jugo de limón y agite para cubrirlos. Deje reposar los camarones durante aproximadamente 5 minutos.

Espolvoree la mezcla de especias sobre los camarones y luego revuelva hasta que los camarones estén completamente sazonados.

Coloca la sartén de aluminio desechable con camarones en el ahumador Pellet y ahúma los camarones durante 15 minutos. Los camarones serán opacos y rosados.

Retire los camarones ahumados del ahumador Pellet y transfiéralos a una fuente para servir.

Servir y disfrutar.

28. Cangrejo ahumado con canela y jengibre

Ingredientes:

- Cangrejos frescos (7 libras, 3,2 kg)

Las especias

- Sal - 1 cucharada
- Semillas de apio molidas - 3 cucharadas
- Mostaza molida - 2 cucharaditas
- Pimienta de Cayena - ½ cucharadita
- Pimienta negra - ½ cucharadita
- Pimentón ahumado - 1 ½ cucharaditas
- Clavo molido - Una pizca
- Pimienta de Jamaica molida - ¾ cucharadita

- Jengibre molido - 1 cucharadita
- Cardamomo molido - ½ cucharadita
- Canela molida - ½ cucharadita
- Hojas de laurel - 2

Direcciones:

Combine las especias enteras y espolvoree la mezcla de especias sobre los cangrejos y luego envuelva los cangrejos con papel de aluminio.

Coloca los cangrejos envueltos en el ahumador Pellet y ahúmalos durante 30 minutos.

Una vez hecho esto, retire los carbohidratos ahumados envueltos del ahumador Pellet y déjelo reposar durante aproximadamente 10 minutos.

Desenvuelve los cangrejos ahumados y colócalos en un plato para servir.

29. Ostras Sencillas A La Parrilla

Ingredientes:

- 4 docenas de ostras, lavadas
- Rodajas de limón
- 1 taza de mantequilla
- 1 cucharadita de sal sazonada
- 1 cucharadita de pimienta de limón

Direcciones:

Precaliente la parrilla de pellets a 350F.

Derrita la mantequilla con sal condimentada y pimienta de limón, mezclando bien. Cocine a fuego lento durante 10 minutos.

Coloque las ostras, sin cáscara, en la parrilla de pellets.

Cuando las conchas se abran (3-5 minutos), use un cuchillo para ostras para separar las ostras de la concha superior y colóquelas de nuevo en la taza con el licor de ostras caliente. Deseche la tapa.

Agregue una cucharadita de mantequilla sazonada y sirva.

30. Ostras de Asiago con ajo

Ingredientes:

- 1 libra de mantequilla de crema dulce
- 1 cucharada. ajo molido
- 2 docenas de ostras frescas
- ½ taza de queso Asiago rallado
- Pan francés, calentado
- ¼ de taza de cebollino, cortado en cubitos

Direcciones:

Encienda la parrilla de pellets y caliente a medio alto.

Derrita la mantequilla a fuego medio-alto. Reduzca el fuego a bajo y agregue el ajo.

Cocine 1 minuto y retire del fuego.

Coloque las ostras, con la taza hacia abajo, en la parrilla de pellets. Tan pronto como las conchas se abran, retírelas de la parrilla.

Quite las ostras, manteniendo la mayor cantidad posible de licor de ostras en su lugar.

Corta el músculo conectivo y devuelve cada ostra a su caparazón.

Rocíe cada ostra con 2 cucharaditas de la mezcla de mantequilla y espolvoree con 1 cucharadita de queso. Ase a fuego alto durante 3 minutos o hasta que el queso se dore. Espolvorea con cebollino.

Retirar de la parrilla de pellets y servir inmediatamente con pan y la mantequilla restante a un lado.

31. Ostras Wasabi

Ingredientes:

- 12 ostras del Pacífico pequeñas, crudas con cáscara 2 cucharadas. vinagre de vino blanco
- 8 oz de vino blanco 1/4 taza de chalotas picadas
- 2 cucharadas. mostaza wasabi 1 cda. salsa de soja
- 1 taza de mantequilla sin sal, en cubos 1 taza de hojas de cilantro picadas
- Sal y pimienta negra al gusto

Direcciones:

En una cacerola, a fuego medio, combine el vinagre de vino blanco, el vino y las chalotas. Cocine a fuego lento hasta que el líquido se reduzca ligeramente. Agregue la mostaza de wasabi y la salsa de soja, revolviendo.

A fuego lento, agrega gradualmente la mantequilla. No dejes que la mezcla hierva. agregue el cilantro y retire del fuego.

Cocine las ostras hasta que las conchas se abran. Retire las ostras de la parrilla de pellets y corte el músculo conectivo de la concha superior,

Presione cada ostra (con cáscara) en la sal gruesa para mantenerla en posición vertical, luego vierta 1-2 cucharaditas de salsa de mantequilla de wasabi sobre cada una y sirva inmediatamente.

32. Trucha de campamento de peces

Ingredientes:

- 4 truchas pequeñas enteras, limpias
- 4 tiras de tocino
- 4 ramitas de tomillo fresco
- 1 limón
- sal y pimienta para probar

Direcciones:

Rejillas de aceite y precalentamiento de la parrilla de pellets. Freír el tocino, para que se empiece a cocinar, pero aún esté blando. Enjuague la trucha y séquela con una toalla de papel.

Coloque una ramita de tomillo dentro de cada pescado. Envuelva cada trucha con una tira de tocino y asegúrela con un palillo.

Coloque la trucha en la parrilla de pellets o en una canasta para parrilla engrasada y cocine a la parrilla de 5 a 7 minutos por lado, dependiendo del tamaño de la trucha. La trucha está lista cuando la carne se vuelve opaca en el centro y se desmenuza fácilmente.

Exprima un poco de jugo de limón fresco sobre cada pescado y sirva.

33. Lubina a la parrilla sureña

Ingredientes:

- 2 libras. filetes de lubina o bistecs
- 1 taza de mayonesa
- 4 onzas. salsa de soja

Direcciones:

Mezclar mayonesa y salsa de soja.

Cubra toda la superficie (lado de la carne) de cada filete de lubina con la mezcla.

Coloque en la parrilla de pellets, con la piel hacia abajo. No des la vuelta.

Cuando los bordes se vuelvan hacia arriba y las escamas se desmenucen, retirar y servir.

34. Salmón del Noroeste del Pacífico con Salsa de Eneldo de Limón

Ingredientes:

- Filetes de salmón Chinook de 6 libras
- Sal al gusto
- 1 taza de mantequilla derretida
- 1 taza de jugo de limón
- 4 cucharadas hojas de eneldo
- 1 cucharada. sal de ajo
- Pimienta negra al gusto
- 4 tazas de yogur natural

Direcciones:

Coloque los filetes de salmón en una fuente para hornear.

Mezcle la mantequilla y el jugo de 1/2 limón en un tazón pequeño y rocíe sobre el salmón. Sazone con sal y pimienta.

Combine el yogur, el eneldo, el ajo en polvo, la sal marina y la pimienta. Unte la salsa uniformemente sobre el salmón.

Limpie rápidamente la rejilla de la parrilla de pellets caliente con una toalla humedecida en un poco de aceite de canola, coloque los filetes en la parrilla, cubra con papel de aluminio y cierre la tapa.

Ase el pescado, con la piel hacia abajo, a fuego medio, unos 6 minutos.

35. Atún wasabi braseado

Ingredientes:

- Filetes de atún de 6 onzas
- 1 1/4 taza de vino blanco
- 1 taza de hojas de cilantro
- 1 taza de mantequilla sin sal
- 1/4 taza de chalotas picadas
- 2 cucharadas. vinagre de vino blanco
- 1 cucharada de pasta de wasabi
- 1 cucharada de salsa de soja
- 1 cucharada de aceite de oliva
- sal y pimienta para probar

Direcciones:

Combine el vino, el vinagre de vino y las chalotas en una cacerola a fuego medio. Cocine a fuego lento para reducir a aproximadamente 2 cucharadas. Cuela las chalotas y deséchalas.

Agregue wasabi y salsa de soja a la mezcla y reduzca el Pellet de madera preferido. Agregue lentamente la mantequilla mientras revuelve hasta que esté completamente mezclado. Agregue el cilantro y retire del fuego. Dejar de lado.

Unte los filetes de atún con aceite de oliva. Sazone con sal y pimienta y colóquelo en la parrilla.

Ase durante 90 segundos, luego gire y continúe asando durante 90 segundos más.

36. Tipo de pez a la parrilla con tocino

Ingredientes:

- 20 filetes de tipo de pez
- 20 rebanadas de tocino
- $\frac{1}{4}$ de cucharadita de ajo en polvo
- $\frac{1}{4}$ de cucharadita de cebolla en polvo
- $\frac{1}{4}$ de cucharadita de pimienta

Direcciones:

Espolvorea los filetes con especias. Enrolle los filetes, envuélvalos con tocino y péguelos con un palillo.

Ase a fuego escaso, con pellets de manzana Preferred Wood Pellet, volteando los filetes varias veces.

Asegúrese de apagar todas las llamas causadas por la grasa de tocino con una botella rociadora de agua.

Cocine hasta que el tocino esté dorado y dentro de los filetes en hojuelas.

37. Aperitivos de brocheta de camarones al mojo

Ingredientes:

- 2 libras. tocino rebanado
- 64 gambas crudas, sin cola
- 2 tazas de mojo cubano tradicional
- ¼ C Adobo Criollo
- 32 brochetas de pellets de madera preferidas, empapadas

Direcciones:

Enjuagar las gambas crudas y escurrir. En un tazón grande, mezcle las gambas y las especias Adobo Criollo.

Envuelva cada langostino en ½ rebanada de tocino y ensarte dos vueltas en cada brocheta, tocando y con la brocheta a través del tocino y los camarones.

Lleve la parrilla de pellets a fuego medio, engrase y coloque las brochetas en la parrilla.

Ase de 3 a 5 minutos, hasta que el tocino esté cocido, voltee y cocine durante 2 a 3 minutos más.

Retirar de la parrilla y dejar reposar en bandejas cubiertas con papel toalla 2-3 minutos antes de servir. para este tipo de parrilladas.

38. Colas de langosta dulce a la parrilla

Ingredientes:

- 12 colas de langosta
- ½ taza de aceite de oliva
- ¼ C jugo de limón fresco
- ½ taza de mantequilla
- 1 cucharada. Ajo machacado
- 1 cucharadita de azucar
- 1/2 cucharadita de sal
- ½ cucharadita de pimienta negra

Direcciones:

Combine el jugo de limón, la mantequilla, el ajo, la sal y la pimienta a fuego medio-bajo y mezcle hasta que esté bien mezclado, manténgalo caliente.

Cree una "zona fría" en un extremo de la parrilla de pellets. Unte el lado de la carne de las colas con aceite de oliva, colóquelas en la parrilla y cocine durante 5-7 minutos, dependiendo del tamaño de la cola de langosta.

Después de darle la vuelta, rocíe la carne con mantequilla de ajo 2-3 veces.

La cáscara debe ser de color rojo brillante cuando estén terminados. Retire las colas de la parrilla y, con unas tijeras de cocina grandes, corte la parte superior de la cáscara para abrirla.

Sirva con mantequilla de ajo tibia para mojar.

39. Ostras Ahumadas Sazonadas

Ingredientes:

- ½ taza de salsa de soja
- 2 cucharadas de salsa Worcestershire
- 1 taza de azúcar morena bien compacta
- 2 hojas de laurel secas
- 2 dientes de ajo picados
- 2 cucharaditas de sal y pimienta negra
- 1 cucharada de salsa picante
- 1 cucharada de cebolla en polvo
- 2 docenas de ostras crudas sin cáscara
- ¼ taza de aceite de oliva

- $\frac{1}{2}$ taza (1 barra) de mantequilla sin sal
- 1 cucharadita de ajo en polvo

Direcciones:

En un recipiente grande, mezcle el agua, la salsa de soja, Worcestershire, la sal, el azúcar, las hojas de laurel, el ajo, la pimienta, la salsa picante y la cebolla en polvo.

Sumerja las ostras crudas en la salmuera y refrigere durante la noche.

Coloque las ostras sobre una parrilla antiadherente, rocíe con aceite de oliva y coloque la estera en el ahumador.

Ahuma las ostras durante $1\frac{1}{2}$ a 2 horas, hasta que estén firmes. Sirve con la mantequilla y el ajo en polvo.

40. Pargo rojo con costra de azúcar

Ingredientes:

- 1 cucharada de azúcar morena
- 2 cucharaditas de ajo picado
- 2 cucharaditas de sal
- 2 cucharaditas de pimienta negra recién molida
- ½ cucharadita de hojuelas de pimiento rojo triturado
- 1 (1½ a 2 libras) de filete de pargo rojo
- 2 cucharadas de aceite de oliva, y más para engrasar la rejilla
- 1 lima en rodajas, para decorar

Direcciones:

Siguiendo el procedimiento de arranque específico del fabricante, precaliente el ahumador a 225 ° F y agregue el pellet de madera preferido de aliso.

En un tazón pequeño, mezcle el azúcar morena, el ajo y la sal, la pimienta y las hojuelas de pimiento rojo para hacer una mezcla de especias.

Frote el aceite de oliva por todo el pescado y aplique la mezcla de especias para cubrir.

Engrase la rejilla de la parrilla o un tapete antiadherente para parrilla o una rejilla para pizza perforada. Coloque el filete en la rejilla del ahumador y ahúmelo durante 1 a $1\frac{1}{2}$ horas, hasta que la temperatura interna del ahumado registre 145 ° F.

Retire el pescado de Preferred Wood Pellet y sirva caliente con las rodajas de limón.

41. Peppercorn-Enel Mahi-Mahi

Ingredientes:

- 4 filetes de mahi-mahi
- ¼ taza de eneldo fresco picado
- 2 cucharadas de jugo de limón recién exprimido
- 1 cucharada de pimienta negra triturada
- 2 cucharaditas de ajo picado
- 1 cucharadita de cebolla en polvo
- 1 cucharadita de sal
- 2 cucharadas de aceite de oliva

Direcciones:

Recorta los filetes según sea necesario, cortando cualquier línea de sangre roja visible. No te hará daño, pero su sabor más robusto puede impregnar rápidamente el resto del filete.

En un tazón pequeño, mezcle el eneldo, el jugo de limón, los granos de pimienta, el ajo, la cebolla en polvo y la sal para hacer un condimento.

Frote el pescado con el aceite de oliva y aplique el condimento por todas partes. Engrase la rejilla de la parrilla o un tapete antiadherente para parrilla o una rejilla para pizza perforada.

Coloque los filetes en la rejilla del ahumador y ahúmelos durante 1 a 1½ horas.

42. Tacos de Pescado con Pimientos Fiery

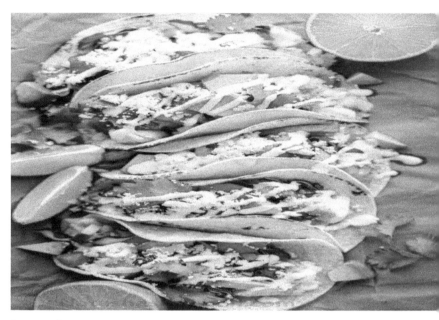

Ingredientes:

- 1 caja (de 16 onzas) de ensalada de col dulce preparada
- 1 cebolla morada pequeña, picada
- 1 chile poblano, picado
- 1 chile jalapeño picado
- 1 chile serrano picado
- $\frac{1}{4}$ taza de cilantro fresco picado
- 1 cucharada de ajo picado
- 2 cucharaditas de sal, divididas

- 2 cucharaditas de pimienta negra recién molida, cantidad dividida
- 1 lima, cortada por la mitad
- 1 libra de bacalao sin piel, fletán o cualquier pescado blanco (ver sugerencia)
- 1 cucharada de aceite de oliva, y más para engrasar la rejilla
- Tortillas de harina o maíz
- 1 aguacate, en rodajas finas

Direcciones:

Prepara la ensalada.

Exprima la mitad de la lima y corte la otra mitad en gajos. Frote todo el pescado con el zumo de lima y el aceite de oliva.

Sazone el pescado y coloque el pescado en la rejilla del ahumador y ahúmalo durante 1 a $1\frac{1}{2}$ horas.

43. Vieiras de mar con miel y cayena

Ingredientes:

- ½ taza (1 barra) de mantequilla derretida
- ¼ de taza de miel
- 2 cucharadas de pimienta de cayena molida
- 1 cucharada de azúcar morena
- 1 cucharadita de ajo en polvo
- 1 cucharadita de cebolla en polvo
- ½ cucharadita de sal
- 20 vieiras (alrededor de 2 libras)

Direcciones:

En un tazón pequeño, mezcle la mantequilla, la miel, la pimienta de cayena, el azúcar morena, el ajo en polvo, la cebolla en polvo y la sal.

Coloque las vieiras en una bandeja para hornear de papel de aluminio desechable y vierta la mantequilla de miel sazonada sobre ellas.

Coloca la sartén en la rejilla del ahumador y ahúma las vieiras durante unos 25 minutos, hasta que estén opacas y firmes y la temperatura interna del ahumado registre 130 ° F.

Retire las vieiras de Preferred Wood Pellet y sirva caliente.

44. Colas de langosta con mantequilla de limón

Ingredientes:

- 4 (8 onzas) colas de langosta, frescas (no congeladas)
- 1 taza (2 barras) de mantequilla sin sal, derretida, cantidad dividida
- Jugo de 2 limones
- 1 cucharadita de ajo picado
- 1 cucharadita de tomillo seco
- 1 cucharadita de romero seco
- 1 cucharadita de sal
- 1 cucharadita de pimienta negra recién molida
- Aceite de oliva, para engrasar la parrilla.
- $\frac{1}{4}$ taza de perejil fresco picado

Direcciones:

En un tazón pequeño, mezcle la mantequilla, el jugo de limón, el ajo, el tomillo, el romero, la sal y la pimienta. Rocíe cada cola de langosta con 1 cucharada de mantequilla de limón.

Coloque las colas en la rejilla del ahumador con el lado dividido hacia arriba.

Ahuma las colas durante 45 minutos a 1 hora, rociando cada una con 1 cucharada de mantequilla de limón una vez durante la cocción.

Retire las colas de langosta y espolvoree con el perejil y sirva con la mantequilla de limón restante para mojar.

45. Filetes de salmón fresco ahumado

Ingredientes:

- 1 filetes de salmón (fresco, salvaje, con piel)
- 1/3 cucharadita de condimento Old Bay
- 1 cucharadita de condimento básico para mariscos

Direcciones:

Pepping para la parrilla

Lave los filetes de salmón con agua fría y use una toalla de papel para secarlos.

Frote ligeramente los filetes de salmón con el condimento

Pepping en el ahumador de pellets de madera preferido

Ponga la parrilla del ahumador de pellets de madera Preferred en cocción indirecta y precaliente a 400°F

Coloque los filetes con la piel hacia abajo directamente sobre las rejillas de la parrilla.

Ahuma los filetes de salmón en el ahumador hasta que la temperatura interna del ahumado se eleve a 140 ° F y el tenedor pueda descascarillar fácilmente la carne.

Deje reposar el salmón durante 5 minutos.

Servir y disfrutar

46. Pescado de roca ahumado caribeño

Ingredientes:

- 4 onzas de filetes de pescado de roca del Pacífico
- 1 cucharada de condimento de mariscos caribeños
- 2 cucharaditas de aceite de oliva virgen extra

Direcciones:

Frote aceite de oliva por todos los lados de los filetes de pescado de roca

Frote ligeramente los filetes de salmón con el condimento

Coloque los filetes con la piel hacia abajo directamente sobre las rejillas de la parrilla.

Ahuma los filetes de salmón en el ahumador hasta que la temperatura interna del ahumado se eleve a 140 ° F y el tenedor pueda descascarillar fácilmente la carne.

Deje reposar el salmón durante 5 minutos.

Servir y disfrutar

47. Tilapia de camarones ahumados

Ingredientes:

- 3 onzas de filetes de tilapia (frescos, cultivados)
- 3/4 cucharadita de pimentón (ahumado)
- 1 cucharada de aceituna virgen extra
- 3/4 de cucharadita de condimento para mariscos

Ingredientes para el relleno de camarones:

- 1/2 libra de camarones sin cola
- 1/2 taza de pan rallado
- 1/2 cucharada de mantequilla con sal
- 3/4 cucharadita de pimienta

- 1 huevo (pequeño, batido)
- 1/4 taza de mayonesa
- 3/4 cucharadita de perejil (seco)

Direcciones:

Vierta los camarones en un procesador de alimentos para picarlos finamente

Caliente la aceituna a fuego medio-alto en una sartén grande, agregue la mantequilla y la derrita, y agregue la cebolla y saltee hasta que esté suave

Combine la mezcla salteada, los camarones y el resto de los ingredientes en un bol que tenga tapa.

Frote aceite de oliva por todos los lados de los filetes. Use una cuchara para rellenar un buen relleno en la parte posterior de cada filete.

Extienda el relleno en la parte posterior de los filetes,

Dobla los filetes de tilapia en dos y usa palillos de dientes para sujetarlos firmemente.

Asa los filetes durante 40 minutos.

48. Atún Ahumado En Salmuera

Ingredientes:

- 3 libras de filetes de salmón (cultivado)
- 2 tazas de salmuera de pescado fresco

Direcciones:

Corta los filetes en tamaños de 4 pulgadas para poder cocinarlos a la misma velocidad.

Coloque las chuletas de cerdo en un recipiente de plástico con cierre hermético y viértalas en el recipiente Pescado fresco Salmuera

Cúbralo y colóquelo en la nevera durante la noche.

Después de este tiempo, retire las chuletas de cerdo y séquelas con toallas de papel.

Ponga la parrilla del ahumador en cocción indirecta

Transfiera los filetes de salmón a un tapete de fibra de vidrio recubierto de teflón

Precaliente el ahumador a 180 ° F y cocine hasta que la temperatura interna de ahumado de los filetes de salmón suba a 145 ° F

49. Atún Ahumado En Salsa

Ingredientes:

- 10 onzas de filetes de atún (frescos)
- 1 taza de salsa teriyaki

Direcciones:

Corta el atún en tamaños de 4 pulgadas para poder cocinarlo a la misma velocidad.

Ponga los filetes de atún en un recipiente de plástico con cierre hermético y vierta en el recipiente la salsa teriyaki

Cúbralo y colóquelo en la nevera durante 3 horas.

Transcurrido este tiempo, retire los filetes de atún y séquelos con toallas de papel.

Transfiera el filete a la bandeja para grill antiadherente y colóquelo en el ahumador durante 1 hora.

Después de este tiempo, aumente el Pellet de madera preferido a 250°F y cocine hasta que la temperatura interna de humo del atún suba a 145°F.

Retirarlos de la parrilla y dejar reposar durante 10 minutos.

Servir y disfrutar

50. Trucha ahumada en salmuera

Ingredientes:

- 2 truchas enteras (frescas, con piel y sin espinas)
- 3 tazas de salmuera de pescado fresco

Direcciones:

Coloque la trucha en un recipiente de plástico con cierre hermético y vierta en el recipiente Pescado fresco Salmuera

Transfiera el filete a una bandeja para grill antiadherente y colóquelo en el ahumador durante 1 minuto.

Continúe ahumando hasta que la temperatura interna del atún se eleve a 145 ° F

Retirarlos del ahumador y dejar reposar durante 5 minutos.

Servir y disfrutar

CONCLUSIÓN

Así que ahora que hemos llegado al final del libro, soy muy optimista de que esté familiarizado con algunas de las mejores recetas de parrilla para ahumadores que lo convertirán en un profesional en la parrilla, la barbacoa y la cocina en general.

A veces, ver tantas recetas brevemente puede resultar abrumador. Por lo tanto, hemos segmentado este libro en diferentes secciones, cada una de las cuales abarca recetas de un tipo similar. Por lo tanto, revise el libro cuando sea necesario y asegúrese de seguir las instrucciones de la receta a fondo.

Lightning Source UK Ltd.
Milton Keynes UK
UKHW020809180621
385732UK00001B/44

9 781802 887815